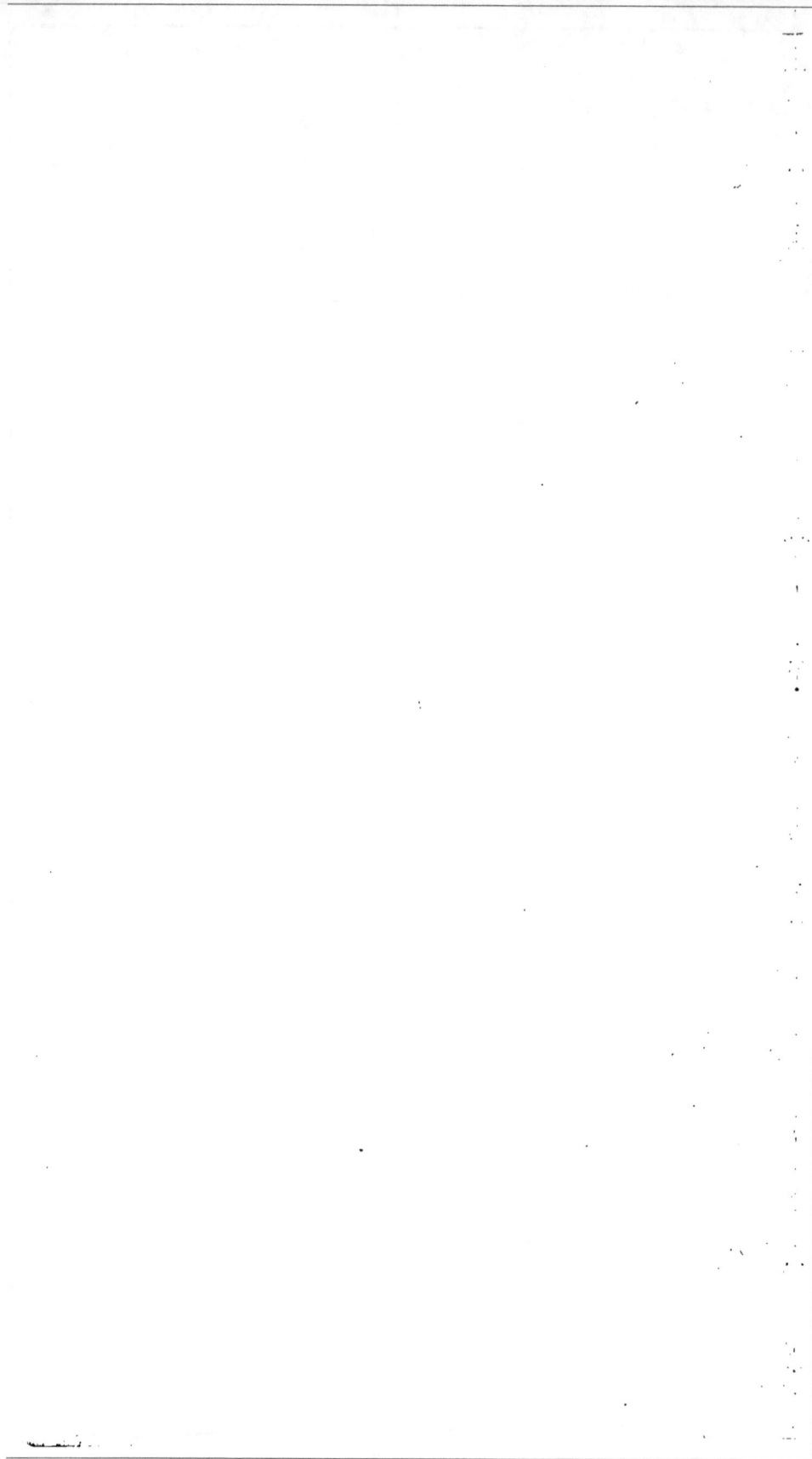

NOTICE

SUR

VILLEMAIN

PAR

J.-L. DUBUT

« L'or et les perles sont assez
communs, mais les lèvres sa-
vantes sont un vase rare et
précieux »

PRIX : 1 FRANC

LIMOGES

TYPOGRAPHIE CHATRAS ET Cie, RUE TURGOT, 6

1875

Hommage respectueux de l'auteur

Louis Dubut

NOTICE

SUR

VILLEMAIN

A Saint-Pardoux (Dordogne) le 1er 7bre 1858

Lin 27

2835

A

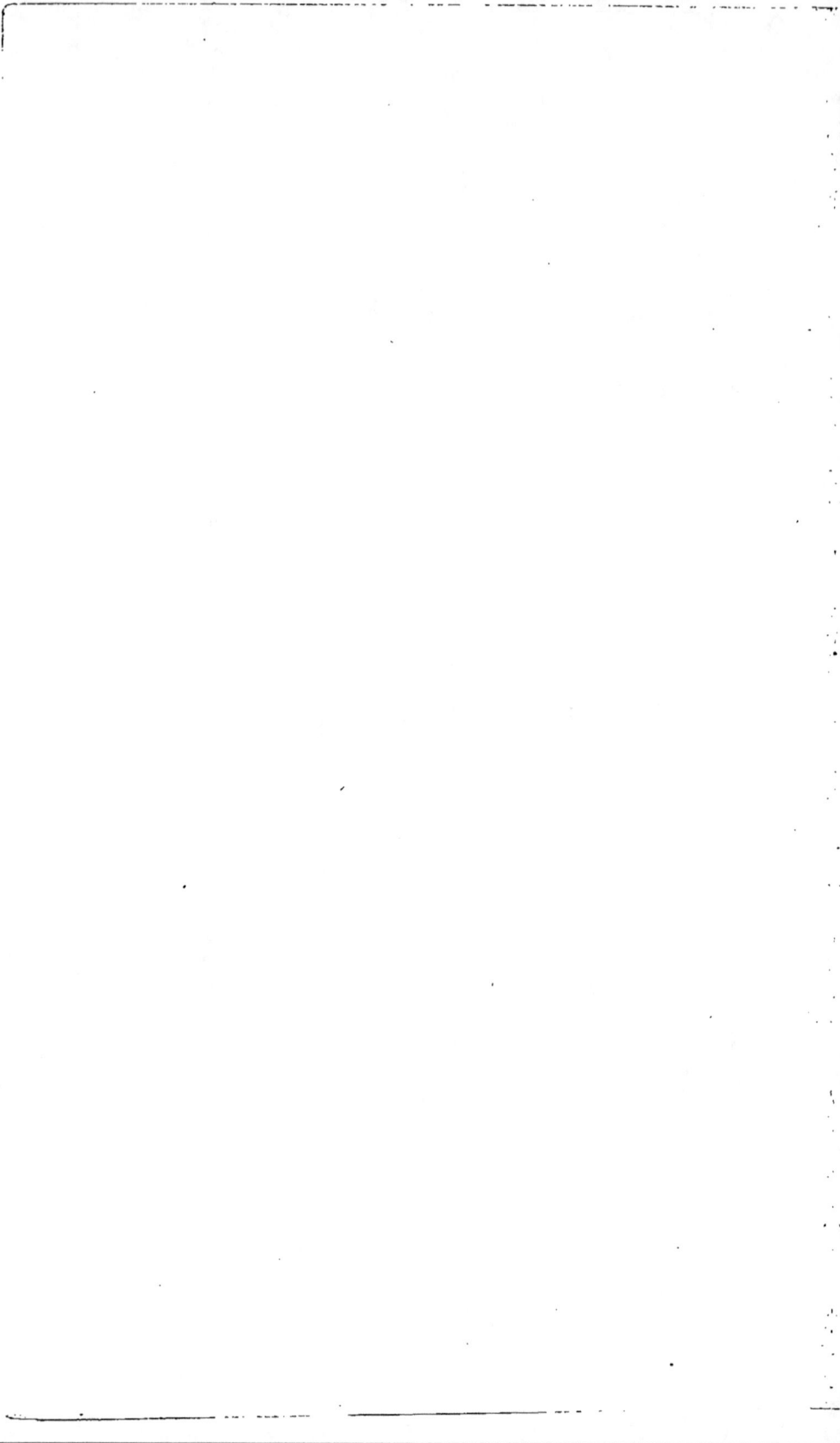

A LA MÉMOIRE DE MON PÈRE

Dont toute la vie doit être pour moi un exemple à suivre

J'OFFRE CE MODESTE TRAVAIL COMME UN GAGE DE MON
SOUVENIR ET DE MES REGRETS !

——〜〜〜——

« Un bon esprit cultivé est,
pour ainsi dire, composé de tous
les esprits précédents ; ce n'est
qu'un même esprit qui s'est cultivé pendant tout ce temps-là. »

(FONTENELLE.)

NOTICE

SUR

VILLEMAIN

 PAR

J.-L. DUBUT

> « L'or et les perles sont assez
> communs, mais les lèvres sa-
> vantes sont un vase rare et
> précieux. »

LIMOGES

TYPOGRAPHIE CHATRAS ET Cie, RUE TURGOT, 6

—

1875

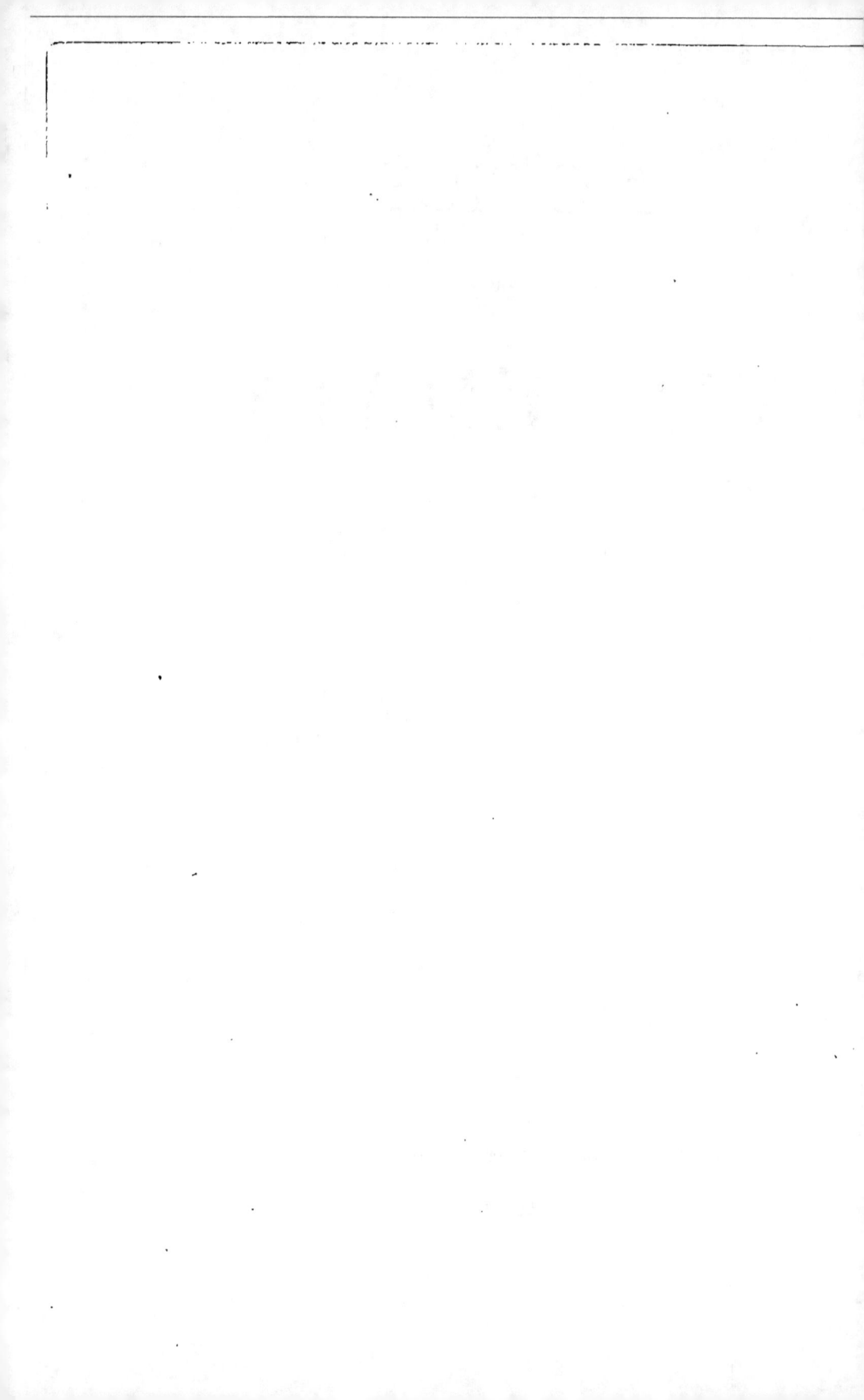

AVANT-PROPOS

De nos jours, les recherches de nos savants, les œuvres de nos littérateurs et de nos poètes sont considérées avec dédain et insouciance. La politique, séduisante fâcheuse, semble attirer tous les regards et absorber tous les esprits ; quant à la littérature, elle est bonne tout au plus, selon quelques esprits légers, à charmer les loisirs et à captiver une curiosité souvent bien discrète.

Et cependant que de plaisir on éprouve à apprécier une œuvre bien écrite et bien conçue, à suivre par la pensée les investigations et les découvertes de la science, l'imagination ardente du romancier, les inspirations parfois sublimes du poète, les réflexions salutaires du critique et du penseur ; en un mot, à méditer et à admirer les enseignements du beau, du vrai et du bien.

On aura beau invoquer le marasme littéraire qui nous oppresse et qui nous tue, au milieu de notre siècle d'indifférence et de positivisme, nous avons encore des œuvres qui s'imposent, des sujets qu'on ne peut impunément abandonner, des hommes dont la mémoire ne peut être oubliée. Villemain est de ceux-là, et il vivra éternellement.

Dès ses premières publications, on pressentait déjà ce que serait l'auteur de ces pages sur *Montaigne,* qui nous faisaient penser malgré nous à la littérature antique, et qui semblaient être à la fois les travaux combinés d'un historien, d'un critique et d'un philosophe. Ses *Tableaux de la littérature au* IVe *et au* XVIIIe *siècle* présentent une somme immense d'observations, de recherches et d'érudition. Ce n'était certes pas chose aisée que de mener à bonne fin un travail aussi gigantesque et qui, cependant, se distingue tout particulièrement par cette qualité si enviable, condition essentielle de la composition : l'unité dans le plan et la pensée. En toute confiance, nous pouvons donc admirer cette critique moderne de la France, dont Villemain a été une personnification si éclatante.

Dans cette modeste étude, nous nous sommes surtout occupé de l'écrivain et du professeur d'éloquence de la Sorbonne, qui a créé la critique en France, et qui a su donner comme une nouvelle vie aux monuments de notre littérature. De politique, — que penserait-on de lui aujourd'hui ? — Villemain n'en fit point, et c'est sans amertume comme sans regret que de ministre de l'instruction publique il redevint homme de lettres.

N'eût-on entendu Villemain qu'une seule fois à la Sorbonne, on s'expliquera facilement l'ascendant qu'il exerçait sur son auditoire ; mais aussi, quel justesse d'expressions ! quelle logique ! quel enchaînement dans les idées ! quel autorité de langage !

Quoi qu'il en soit, le mérite le plus important qui se révèle à la lecture des nombreux ouvrages dont nous allons donner un faible résumé, c'est la précision scientifique d'une critique toujours serrée et toujours judicieuse, car elle est entourée de toutes les ressources que peuvent offrir une âme honnête, une science profonde, une intelligence admirable !

Puissions-nous, par ces quelques lignes qui sont comme un modeste tribut payé à la mémoire du maître, faire aimer et apprécier ses œuvres par tous les amis d'une saine littérature. C'est là notre seule ambition !

J.-L. D.

NOTICE

SUR

VILLEMAIN

PAR

J.-L. DUBUT

A la mort de Fléchier, Fénelon s'écria : « Nous avons perdu notre maître ! » Le même éloge et la même douleur accueillaient, il y a à peine quelques années, la mort de Villemain. Semblables aux disciples de Pythagore, ses auditeurs de la Sorbonne l'avaient surnommé : *le Maître.* En effet, en matière de littérature, les jugements de l'illustre critique faisaient loi, et la jeunesse studieuse qui assistait à ses cours ne craignait pas de répondre aux contradicteurs qui se présentaient : « Le maître l'a dit, cela nous suffit. »

En 1812, lors de la campagne de Russie, une voix éloquente faisait retentir les voûtes de la Sorbonne. C'était un maître de conférences de l'École normale, un jeune homme de vingt ans, qui débutait par des prix académiques, et dont la brillante carrière prouvera que l'Université ne fut pas trompée dans ses espérances.

J'ai nommé Villemain.

Mais, hélas ! les guerres les plus désastreuses accablèrent notre pauvre patrie. 1815 ! 1815 ! Epoque à jamais funeste, où aux cris de défaite qui retentissaient sur les champs de bataille, répondaient les malédictions et les cris de vengeance dont un peuple ruiné et en délire menaçait les illustres vaincus de Waterloo ! Situation terrible, où l'Europe entière coalisée contre la France se demandait déjà quel serait le prix de nos dépouilles !

Dans ces tristes moments, Villemain n'abandonna point ses travaux. Il semblait, au contraire, qu'il s'attachât à ne pas céder la palme du génie à ceux que nous ne pouvions plus égaler sur les champs de bataille ! Le jeune maître de conférences avait alors pour protecteurs MM. de Narbonne et de Fontanes. Les bizarreries du sort voulurent qu'il succédât à ce dernier comme membre de l'Académie française.

Villemain avait désormais sa place marquée, aussi bien dans la politique que dans la littérature. Il fut appelé au ministère que présidait le maréchal Soult (¹). Ministre, il semble plus que jamais se dévouer aux études littéraires. Un seul exemple en donnera une preuve irréfutable. Des chercheurs déplorent la perte d'un livre d'Aristote : *Des Constitutions de l'antiquité.* Le recueil a probablement été traduit en arabe, et peut-être se trouve-t-il dans quelque bibliothèque musulmane. Le ministre de l'instruction publique n'hésite pas ; il va envoyer des chercheurs dans le Maroc, et pour lui « la réussite de ce projet ne sera pas le moindre fruit de la bataille d'Isly. » Mais le gouvernement tomba et avec lui le ministère. Le plan de découverte ne fut pas mis à exécution. Villemain le déplorait amèrement, et chaque fois qu'il y songeait il s'écriait : « Quelle perte pour les lettres ! Quels regrets pour tous les lettrés ! »

Pendant qu'il était ministre, il fut admis à l'Académie des Inscriptions et Belles-Lettres. Ses confrères l'accueillirent avec une grande joie.

---

(1) Ministère Soult : { Martin du N. ; Guizot ; Duchâtel ; Cousin ; Gridaine ; Teste ; *Villemain* ; Humann.

Seul, celui qui est aujourd'hui son panégyriste et son successeur à l'Académie vota contre lui, et pour quelle raison? Parce que le candidat était ministre. M. Littré rend aujourd'hui justice à Villemain; et, du reste, les paroles du nouvel académicien ne sont-elles pas un aveu et un regret ? Je lui laisse la parole : « (1) Dans cette » candidature, dit-il, je poussai, plus jeune et » plus rigoriste, mais académicien peu équita- » ble, le scrupule jusqu'à refuser à M. Villemain » ma voix, parce qu'il la sollicitait étant minis- » tre. »

Villemain a beaucoup travaillé au Dictionnaire de l'Académie. Dans la préface remarquable dont il est l'auteur, nous trouvons ces paroles devenues célèbres : « Sans prétendre renouveler la langue » en la vieillissant, on peut en rechercher l'his- » toire dans un travail qui, profitant des notions » nouvelles acquises à la science étymologique, » marquerait la filiation graduelle, les transfor- » mations de chaque terme et le suivrait dans » toutes les nuances d'acception, en le justifiant » par des exemples empruntés aux diverses » époques et à toutes les autorités du langage » littéraire. Le premier essai de quelque partie

(1) Discours de réception de M. Littré, à l'Académie fran-çaise (5 juin 1873.)

» d'un tel recueil pourra seul en montrer tout le
» piquant intérêt et l'utile nouveauté. »

N'est-ce pas là dresser l'état civil de chaque mot?..... A l'âge de trente ans, Villemain était membre de l'Académie française. Tout jeune qu'il était, il venait de terminer son *Histoire de Crom-wel*. M. Roger, chargé de recevoir le récipiendaire, se montra rigoureux et même injuste envers son nouveau confrère : « ([1]) Quelquefois, lui dit-il,
» on serait tenté de croire que votre esprit,
» naturellement judicieux, s'est laissé un peu
» séduire par ce système d'impartialité historique
» que j'ai cru devoir combattre tout à l'heure,
» et c'est à cela peut-être qu'il faut attribuer le
» défaut de couleur et d'énergie qu'on a remar-
» qué dans vos tableaux, défaut, je m'empresse
» de le dire, heureusement racheté par une
» foule de traits spirituels et de réflexions pro-
» fondes, par des portraits hardiment dessinés,
» par des récits pleins de mouvement. »

Mais, d'après les paroles elles-mêmes de M. Roger, il me semble que le défaut de couleur et d'énergie n'existe plus, ou, pour mieux dire, n'a jamais existé. Car, aussi sévères et aussi rigoureux que vous puissiez être, que demande-

---

(1) Réception de M Villemain. — Discours de M. Roger.

rez-vous à un historien, après avoir reconnu dans son travail « de l'impartialité historique, une » foule de traits spirituels, des réflexions pro- » fondes, des portraits hardiment dessinés, et » enfin des récits pleins de mouvement ?.... »

Où se trouve donc ce défaut de couleur et d'énergie ?.... Mais il faut bien de l'énergie pour faire hardiment un portrait, pour donner aux récits ce mouvement et cette vigueur que vous ne pouvez vous empêcher d'admirer ! Mais ils sont colorés ces récits émaillés de traits spirituels qui font éclore des sourires à travers la frayeur et les larmes !.... M. Littré trouve le jugement de M. Roger rigoureux et parfois injuste ; pour moi, je suis heureux de placer ma propre opinion sous l'autorité de la sienne, et, au besoin, de reven- diquer le jugement de Châteaubriand et de répéter avec lui : « (¹) M. Villemain, qui tient par le goût » du style à l'ancienne école et par les idées à la » nouvelle, nous a donné une histoire complète » de Cromwel ; se cachant derrière les événe- » ments, il a su, avec beaucoup d'art, les laisser » parler, les mettre à l'aise, et dans la place » convenable à leur plus grand effet. »

Et plus loin, faisant allusion à l'*Histoire de la*

---

(1) Œuvres complètes de Châteaubriand. (Etudes histori- ques, IV, préface, 55. — Mélanges littéraires, VI, 148.)

vie de Grégoire VII que va publier Villemain,
l'auteur des *Martyrs* ajoute : « Un sujet d'un
» immense intérêt occupe maintenant l'auteur.
» A en juger par les fragments de la vie de
» Grégoire VII, dont j'ai eu le bonheur d'entendre
» la lecture, le public peut espérer un des
» meilleurs ouvrages historiques qui aient paru
» depuis longtemps. Au surplus, je cite souvent
» les travaux de Villemain dans ces études et,
» pour ne point me répéter, j'abrège ici des
» éloges que l'on retrouvera ailleurs. »

Quelques jours après la réception de Villemain
à l'Académie, le docte corps admettait Casimir
Delavigne. M. Auger, remplaçant le critique alors
malade, disait au récipiendaire : « (1) Le plus
» jeune des académiciens prosateurs eut accueilli,
» au nom de cette compagnie, le plus jeune
» des académiciens poètes, et les deux grandes
» divisions de l'empire des lettres eussent été,
» pour ainsi dire, représentées dans cette solen-
» nité par deux écrivains qui en seraient l'espoir
» s'ils n'en étaient déjà l'honneur. »

En effet, c'eût été un beau spectacle que de
contempler ces deux jeunes gens se tendant une
main fraternelle, en présence de ces illustres

(1) Réception de Casimir Delavigne à l'Académie française.

vieillards qui les nommaient déjà « l'honneur de l'Académie ! »

Le jeune académicien prosateur n'était pas de ceux qui se contentent de peu. Sa vie tout entière s'est passée dans le travail le plus assidu ; aussi répétait-il volontiers ces deux vers de Voltaire :

> L'âme est un feu qu'il faut nourrir
> Et qui s'éteint s'il ne s'augmente.

L'antiquité classique avait pour lui un charme infini ; charme tellement réel que, dans sa fameuse traduction du *Traité de la République* de Cicéron, retrouvé par un cardinal italien, il avoue qu'il voulut être le premier à lire ces feuillés envoyées de Rome, et qu'il les attendait avec une telle impatience qu'il était comme un Gaulois quelque peu lettré, un habitant de Lugdunum ou de Lutetia, qui, lié avec un citoyen de Rome par quelque souvenir de clientèle ou d'hospitalité, aurait reçu de lui, successivement et par chapitres détachés, le livre nouveau du célèbre consul.

Ne dirait-on pas que c'est un ancien Romain qui parle ? Ces expressions, « souvenir de clientèle ou d'hospitalité, etc., » ne semblent-elles pas appartenir au langage de quelque patricien des plus lettrés ? Cette façon de parler n'est-elle pas

empreinte d'une couleur toute locale ? Et celui
qui s'exprimait ainsi n'était-il pas en droit de dire
qu'il trouvait un charme d'illusion dans ce travail,
dans cette jouissance exclusive d'un chef-d'œuvre
si longtemps inconnu ? Les érudits, on le voit,
ont eux aussi leur égoïsme et leur vanité ! Défauts
bien précieux, quand ils font la gloire des lettres !
On peut dire que Villemain mettait en pratique
ce précepte d'Horace, qui fut l'objet d'une de ses
conférences :

> .... *Exemplaria græca*
> *Nocturnâ versate manu, versate diurnâ.*

Il était possédé d'un tel engouement pour les
auteurs de l'antiquité qu'il n'avait point le désir
de chercher d'autres illusions ; aussi disait-il :
« (¹) C'est un double avantage de se voir autorisé
» dans ses vieilles admirations et dispensé d'en
» adopter de nouvelles. »

« Suivre la naissance des choses littéraires en
» les comparant, a dit avec raison M. Littré, est
» ce qui, chez M. Villemain, fait la force de la con-
» ception et la sûreté de l'enseignement. »

Dans ses recherches sur la cause de la corrup-
tion des lettres romaines, le critique a compris

(1) Villemain. (Discours sur la critique.)

2

qu'elle provenait du despotisme qui « muselle »
les esprits, et de l'esclavage qui les « atrophie. »
Il traite le tableau de l'éloquence chrétienne, et
nous montre les saint Ambroise, les saint Jérôme
et les saint Augustin donnant une nouvelle
vigueur à l'éloquence qui s'éteint, et surpassant
de beaucoup leurs prédécesseurs, les sophistes
païens. Le maître nous a fait admirer la littérature en France, en Italie, en Espagne et en
Angleterre ; nous l'avons suivi pas à pas dans
cette gigantesque excursion. Nous paraissions
surpris et comme épouvanté de tant de science ;
mais, pour lui, tout cela n'était qu'un jeu, qu'un
faible travail, « un essai facile à surpasser, disait-
» il, mais dont l'influence n'a pas été inutile au
» progrès des mêmes études, aujourd'hui plus
» répandues. »

Son éloge de Montaigne lui a attiré la critique
de son successeur à l'Académie, qui regrette
amèrement que Villemain ait nommé l'auteur des
Essais, « un écrivain brillant et ingénieux, dans
une langue informe et grossière. » M. Littré qui,
du reste, peut faire autorité en pareille matière,
voudrait un peu plus de respect et de reconnaissance pour cette vieille langue dont se servait nos
aïeux ; mais il se console en pensant que, devenu
homme, le critique n'eût point approuvé ce

qu'écrivait, en 1812, le jeune conférencier de l'École normale.

Ses commentaires sur les auteurs de l'antiquité grecque et latine, ses tableaux de l'éloquence chrétienne au IVe siècle et de la littérature au moyen âge auraient suffi pour sa gloire ; mais il est allé plus loin dans sa critique des modernes, et son tableau si remarquable de la littérature au XVIIe siècle me le fait comparer à celui qu'il appelait le grand orateur. Je ne crains pas de lui appliquer les paroles qu'adressait à Cicéron un de ses admirateurs : « Il est curieux, il est beau » de voir un tel philosophe passer en revue et » juger, avec la supériorité de son génie, tous » les personnages anciens ou modernes qui » avaient paru avec plus ou moins d'éclat dans » la littérature..... On croit voir Apelles, au » milieu d'une galerie de tableaux, expliquant et » appréciant les chefs-d'œuvre qui l'environnent. »

En effet, Villemain a passé en revue tous les ouvages des auteurs du siècle dernier. Dans son parallèle entre *la Pharsale*, de Lucain, et *la Henriade*, de Voltaire, il pense que *la Henriade* est une suite de beaux passages plutôt qu'un beau poëme. Il se récrie contre le manque de liaison, contre la violence des transitions ; mais il reconnaît que le style y est d'une rencontre

admirable de facilité et de richesse. Le critique
admire Voltaire comme littérateur, surtout dans
son *Histoire de Charles XII* ; il envie ce goût
parfait d'élégance, d'agilité et de prestesse, et
il ajoute que nulle part on ne trouve mieux « ce
vif et clair langage que le vieux Caton attribuait
à la nation gauloise au même degré que le génie
de la guerre. » — « Le héros suédois, dit-il,
» ne vaut pas Alexandre, mais Voltaire est bien
» supérieur à Quinte-Curce. » Il remarque encore
l'originalité de la lettre de Voltaire à milord
Hervey, lettre dans laquelle l'auteur du *Siècle de
Louis XIV* a montré au suprême degré le génie de
cette société si puissante et si polie.

Après avoir apprécié Pascal, comme écrivain
et moraliste, il fait allusion à *la XIIe Provinciale*
et s'exprime ainsi : « (¹) Vous avez lu cent fois le
» passage où cet écrivain décrit avec une admi-
» rable énergie la longue et étrange guerre de
» la violence et de la vérité..... Démosthènes,
» Chrisostôme ou Bossuet, inspirés par la tribune,
» ont-ils rien de plus fort et de plus sublime que
» ces paroles jetées à la fin d'une polémique ? »
Plus loin, il déplore avec l'auteur des *Provin-
ciales* la dureté de nos anciennes lois pénales,

(1) De Pascal considéré comme écrivain et moraliste

l'absence complète d'humanité et de philanthropie. « C'est dans la fameuse lettre de Pascal, dit-il, » qu'on voit apparaître au plus haut degré, avant » Montesquieu, le respect de la vie de l'homme. » Et il termine en disant que « (¹) nul n'a mieux pénétré l'homme tout entier. »

Dans une étude spéciale, il reconnaît le mérite des lettres de Mme de Sévigné, de cette femme qui, selon sa propre expression, fut un grand écrivain dans le siècle de Bossuet.

De même que La Harpe, l'abbé Maury, Château-briand, Sainte-Beuve, etc., Villemain a admiré Bossuet, cet homme éloquent entre tous, qui parla sur un ton à la fois sublime et populaire qui n'appartient qu'à lui. Écoutons le critique faisant l'apologie de l'oraison funèbre, comme la comprenait le Cicéron de la chaire : « (²) Dans » l'oraison funèbre, tout s'ennoblit et se divinise : » l'orateur, maître des esprits qu'il élève et » qu'il consterne tour à tour, peut leur montrer » quelque chose de plus grand que la gloire et » de plus effrayant que la mort ; il peut faire » descendre du haut du ciel une éternelle espé- » rance sur ces tombeaux où Périclès n'apportait

---

(1) De Pascal considéré comme écrivain et moraliste.
(2) Discours d'ouverture du cours d'éloquence française.

» que des regrets et des larmes. Si, comme l'ora-
» teur romain, il célèbre les guerriers de la
» légion de Mars tombés au champ de bataille,
» il donne à leurs âmes cette immortalité que
» Cicéron n'osait promettre à leur souvenir. Il
» charge Dieu lui-même d'acquitter la reconnais-
» sance de la patrie. Veut-il se renfermer dans
» la prédication évangélique? Cette science de
» la morale, cette expérience de l'homme, ces
» secrets des passions, étude éternelle des philo-
» sophes et des orateurs anciens, doivent être
» dans sa main..... Armé contre toutes les pas-
» sions sans avoir le droit d'en appeler aucune à
» son secours, il est obligé de créer une passion
» nouvelle, s'il est permis de profaner par ce
» nom le sentiment profond et sublime qui seul
» peut tout vaincre et tout remplacer dans les
» cœurs, l'enthousiasme religieux, qui doit don-
» ner à son accent, à ses pensées, à ses paroles,
» plutôt l'inspiration d'un prophète que le mou-
» vement d'un orateur. A cette image de l'élo-
» quence apostolique, n'avez-vous pas reconnu
» Bossuet? Grand homme, ta gloire vaincra
» toujours la monotonie d'un éloge tant de fois
» entendu. Le privilége du sublime te fut donné,
» et rien n'est inépuisable comme l'admiration
» que le sublime inspire. » J'arrête ici cette

citation, que vous ne trouverez pas trop longue, tant les paroles de l'orateur sont éloquentes et majestueuses ! Les idées s'enchaînent naturellement. Villemain dit ce qu'il veut, tout ce qu'il veut, rien de plus, rien de moins. On dirait, à l'entendre parler avec tant de véhémence et de foi, qu'il subit le contact de l'orateur chrétien dont il fait l'éloge. Il possède à un si haut degré ce feu sacré de l'éloquence chrétienne qu'on est à se demander si ce n'est pas Bossuet lui-même qui parle, tant on est émerveillé et comme fasciné par cette puissance de génie, cette autorité de langage qui vous subjugue et vous entraîne ! « A cette image de l'éloquence apostolique, n'avez-vous pas reconnu Bossuet. » Et vous tous, à cette critique si judicieuse, à ces expressions qui, comme l'a dit Lamartine, coulent d'une âme qui croit et qui s'épanche, n'avez-vous pas reconnu Villemain ?..... C'est bien là le cas de dire avec le poète :

Ce que l'on conçoit bien s'énonce clairement
Et les mots pour le dire arrivent aisément.

Tout en reconnaissant leur infériorité, le professeur d'éloquence a su apprécier Fléchier, Bourdaloue, Massillon et Mascaron, puisqu'après avoir commenté leurs ouvrages et leurs discours,

il s'écrie : « L'éloquence religieuse, voilà l'immortelle couronne du siècle de Louis XIV ! Mais il semble avoir réservé sa sympathie et son admiration pour l'illustre prélat du Périgord, lorsqu'il dit : « ([1]) *Le Traité de l'existence de Dieu* est l'un
» des ouvrages les plus importants de Fénelon,
» par le sujet et par l'étendue. L'orateur y
» répand des trésors d'élégance ; il peint la
» nature, il en égale les richesses et les couleurs
» par l'éclat de son style ; souvent il laisse
» échapper cette abondance de sentiments tendres
» et passionnés, langage naturel de son cœur.
» Quelques endroits sont animés de cette logique
» lumineuse et pressante, dont il donna tant
» d'exemples dans ses débats avec Bossuet. »
Quant aux aventures de Télémaque, l'auteur du *Tableau de la Littérature* ajoute que rien n'est plus digne d'éloges que l'ordonnance de ce livre, que rien n'est plus flatteur que ces épisodes et ces contrastes, et que rien n'est plus digne d'envie que ce caractère de Télémaque qui, tout en offrant le charme de la vertu et les vicissitudes de la fortune, n'en a pas moins de mouvement parce qu'il tend à la perfection.

En 1816, Villemain fut couronné par l'Acadé-

---

(1) Villemain. (Notice.) *Tableau de la Littérature en France.*

mie française pour l'éloge de Montesquieu, éloge
où je trouve cette appréciation : « Si nul publi-
» ciste n'a plus de sens que lui, nul écrivain
» aussi n'a plus de trait et de saillie. »

Buffon publiait les trois premiers volumes de
l'*Histoire naturelle*, un an après l'*Esprit des Lois*
de Montesquieu, « comme si, remarque le judi-
» cieux critique, le génie français eût voulu
» marquer, sans intervalle, son ambition de tout
» soumettre à l'analyse, de tout embellir par la
parole. » Buffon avait dit dans son *Discours sur le
style* : « Dans l'éloquence, c'est le corps qui parle
au corps. » Villemain ne peut assez admirer l'énergique vérité de cette parole : « Cela même est
» l'éloquence ! ajoute-t-il ; ainsi l'entendait Dé-
» mosthène, ce sublime et véhément logicien. »
Mais le passage que le professeur d'éloquence
aimait surtout à citer est consacré à l'art de bien
écrire ; passage où il est dit qu'il faut pleinement
posséder son sujet, et qui se termine par ces
mots (1) : « Il faut y réfléchir assez pour voir
» clairement l'ordre de ses pensées et en former
» une suite, une chaîne continue dont chaque
» point représente une idée ; et lorsque on aura
» pris la plume, il faut la conduire successive-

(1) Buffon. — Discours de réception à l'Académie. — 25 août
1753.

» ment sur ce premier trait, sans lui permettre de
» s'en écarter, sans l'appuyer trop inégalement,
» sans lui donner d'autre mouvement que celui
» qui sera déterminé par l'espace qu'elle doit
» parcourir. » Avec un tel modèle, Villemain ne
pouvait qu'arriver à être maître en l'art d'écrire,
persuadé qu'il était que le sublime ne se trouve
que dans les grands sujets.

La parole brillante et énergique de Rousseau
eût trouvé en lui un chaleureux défenseur, si elle
avait eu besoin d'être défendue ; et cependant il
lui préférait Fénelon. Aussi, dans sa critique sur
l'archevêque de Cambrai, faisait-il cette judicieuse
remarque : « Bien que la diction savante et éner-
» gique de Rousseau paraisse à beaucoup de
» juges le plus parfait modèle, il est permis de
» croire que le style de Fénelon, plus rapproché
» de notre langue, suppose un génie plus rare et
» plus heureux. » Plus loin, il compare Jean-
Jacques à Châteaubriand, et il trouve qu'entre
le dégoût ardent de l'auteur des *Martyrs* et la
rêverie vaporeuse du philosophe, on sent que
tout un monde social s'est brisé et n'a pu re-
prendre à la vie et au calme.

Après les appréciations de Voltaire, Marmontel
et La Harpe sur Vauvenargues, le critique, à son
tour, a examiné cette figure qui, placée par le

temps dans son véritable jour, s'est de mieux en mieux dessinée aux yeux de la postérité.

Les études de Villemain sur les auteurs de l'antiquité ne sont pas moins dignes d'intérêt. Historien, il demande à la mémoire des temps la vie des grands hommes ; critique, il les appréciera et ne se montrera pas toujours fier de son pays, quand il nous affirmera qu'Hérodote n'a pas encore eu de bon traducteur, et que tous les savants, même M. Courier, ont essayé de traduire, mais sans réussir, les œuvres du grand historien.

Les Essais sur le génie de Pindare étaient très nombreux déjà, et cependant Villemain a été assez heureux pour trouver sinon des choses complètement neuves, du moins assez attrayantes pour être préférées peut-être aux œuvres de ses devanciers, dont l'Allemagne peut revendiquer une bonne partie. Le critique envie le chantre thébain, qui a dû son génie si varié à la nature si majestueuse qui semblait l'environner de tous côtés : là-bas les tremblements de l'Etna, ses flammes réfléchies en girandoles de diamant et en vagues de roses sur cette nuit éternellement étincelante de la mer de Sicile ; plus loin les combats incessants livrés par les peuples barbares inondant la Grèce héroïque, et presque toujours repoussés par elle ; et par-dessus tout, enfin, les cieux éclatants de l'Europe orientale, du pays de la lumière !

Il a commenté le *De rerum nâtura* de Lucrèce, et à son avis, ce poëme offre dans la longue erreur de ses raisonnements, une méthode, une force d'analyse qui ne permet pas de supposer que l'auteur n'ait eu que des moments passagers de calme et de raison. Après avoir loué l'ordre philosophique des pensées du poëte latin, il regrette que ce soit l'effort du raisonnement porté sur des notions incohérentes et fausses.

Dans sa *Notice sur Cicéron,* je trouve ces paroles qui me semblent résumer son jugement : « C'est une mine inépuisable pour les érudits; le » reste des lecteurs y retrouve cette admirable » justesse de pensées, cette perfection de style, » enfin cette continuelle union du génie et du » goût qui n'appartient qu'à peu d'écrivains et à » peu de siècles, et que personne n'a porté plus » loin que Cicéron. »

Sa *Notice sur Tibère* est une vaste histoire de la vie de cet empereur ; pour lui, Tibère a été cruel et despote, mais le critique pense avec raison qu'il se laissait lui-même dominer par Séjean, et que cette faiblesse était portée si loin que le grave Tacite n'y trouve d'autre explication que le caprice du sort et la colère des dieux contre Rome.

A son avis, la morale des *Traités de Plutarque*, sans être haute et roide comme celle des stoïciens, ni purement spéculative et enthousiaste comme celle de Platon, est généralement pure, courageuse et praticable. Sans cesse appuyée sur les faits, presque toujours embellie par des images heureuses, de vives allégories, elle parle au cœur et à la raison.

L'essai du critique sur les romans grecs est vraiment fort curieux. On est tout surpris de voir qu'il considère la *Cyropédie* de Xénophon comme un roman, non comme un livre à la mode, une macédoine plus ou moins étrange d'assassinats et de duels, mais bien comme un bon roman dans le genre de Télémaque réduit aux formes de l'histoire et sans intervention mythologique.

Je ne puis passer sous silence ses essais sur la littérature anglaise. Son travail sur Shakespeare a été tellement goûté qu'il a été traduit en anglais par le docteur Drake. Il admire cet écrivain si populaire qui, pour lui, est le seul poète peut-être dont quelques vers se mêlent parfois dans la simple éloquence et les graves discours du sénat d'Amérique, et il prédit à l'auteur d'*Hamlet* qu'il sera chef d'une école poétique qui parlera la langue répandue dans la plus florissante moitié d'un nouvel univers, qu'il nourrira de sa sève puissante cet

idiome transplanté, qu'il sera sur cette terre nouvelle l'antiquité et la mythologie de ce peuple immense qui n'a pas d'aïeux indigènes !.....

Il considère Milton comme inférieur à Shakespeare, car si les vers latins de l'auteur du *Paradis
perdu* ont beaucoup de correction, ses vers anglais
sentent l'effort et la contrainte parfois dissimulés
par un grand fonds d'originalité.

Quant à Pope, sa poésie l'a tellement charmé
par son élégance et sa noblesse, qu'il termine ainsi
sa notice : « Le goût si pur, la poésie correcte de
» Fontanes semblaient faits pour imiter Pope, mais
» ne pouvaient donner à l'*Essai sur l'Homme* ce
» qu'on y cherche en vain : l'intérêt et la va-
» riété. »

Mais son poète de prédilection, c'est celui qui,
à son avis, a relevé le XIXe siècle, celui qui a in-
spiré Alfred de Musset, l'homme enfin qui a exercé
le plus d'empire par l'imagination et le talent des
vers. Un tel éloge ne peut convenir qu'à Byron, et
c'est bien à lui qu'il est adressé.

Dans son introduction sur *l'Histoire de l'Académie depuis d'Alembert*, Villemain fait remarquer
que l'Académie française est une des plus vieilles
institutions de notre pays : « Ainsi, dit-il, s'est
» élevée successivement cette corporation multiple
» datant de Richelieu, de Louis XIV dans sa

» gloire, de la Convention après le 9 thermidor,
» de Napoléon encore consul, et enfin du gou-
» vernement monarchique le plus libre qu'aient
» expérimenté les Français. »

« Il y a bien des siècles, en effet, avant le
» moyen âge, avant le christianisme, un Romain
» qui avait fait la guerre et gouverné la Gaule,
» disait en parlant de la race ingénieuse et forte
» d'où est sortie la France : *Duas gallica gens*
» *industriosissime persequitur, rem militarem et*
» *arte loqui.* » Il voit avec bonheur, — à cette
époque, hélas ! Villemain ne pouvait prévoir nos
désastres, — que cette habileté dans le métier des
armes et dans le beau langage ne s'est pas démen-
tie. Historien et critique à la fois, il passe en revue
le travail de d'Alembert, qui s'arrête en 1772, ce
qui fait qu'à l'époque où il parle, nul récit général ou particulier n'a été consacré à l'histoire de
l'Académie. Cette lacune, il veut la combler. Il
montre ensuite la différence du langage britannique et du langage français. Toute son éloquence
et toute sa vigueur sont déployées dans ces paroles restées célèbres : (1) « Ainsi demeure le fond
» du langage national, le vieux chêne britannique
» à la souche immortelle et au vaste feuillage que

_____

(1) Villemain. — *Revue des Deux-Mondes,* 15 septembre 1852.

» surchargent, sans étouffer sa sève, les mille
» fabrications d'emprunts étrangers ou de capri-
» ces individuels suspendus à ses rameaux par
» le besoin, le pédantisme ou la mode :

    » *Oscilla ex altâ suspendunt molia quercu.*

. . . .

» Dans un pays, au contraire, où tout se renou-
» velle rapidement, où le travail s'accumule en
» quelques années et se précipite en révolutions
» périodiquement accidentelles, ce n'est pas seu-
» lement sur la routine qu'il faut compter, mais
» sur l'art et la science. »

Villemain aimait et honorait l'Académie française, dont il fut pendant quarante ans secrétaire
perpétuel. Une chose l'attristait profondément,
nous disait-il, c'était de voir que l'industrie tendait à prendre de l'extension au détriment des lettres, et il accueillait de ses bravos celui de ses col-
lègues qui s'était exprimé ainsi : (¹) « Comment
» se peut-il donc que la France soit toujours la
» tête et le cœur du monde ? Ah ! Messieurs, di-
» sons-le à la gloire de notre fondateur, c'est
» qu'au milieu des agitations fiévreuses de la cu-

_____

(1) M. Emile Augier. — Discours de réception à l'Académie
française.

» pidité, elle entretient le travail pur et serein de
» la pensée ; c'est que les lettres, les sciences et
» les arts mêlent leurs émanations subtiles aux
» épaisses exhalaisons de la cité industrielle ; c'est
» enfin que si la France a le palais de la Bourse,
» elle a aussi le palais de l'Institut. »

Le secrétaire perpétuel ne fit point de politique ;
il était heureux cependant de voir finir l'empire et
les guerres, et d'accueillir les anciens rois. Député,
il se montra d'une grande libéralité, et il fut un
des coopérateurs de la Charte. L'Académie française le chargea de rédiger avec Lacretelle et Châteaubriand la supplique qu'elle adressa au roi
contre le rétablissement de la censure. Peu de
temps après, il fut nommé pair et ministre de l'instruction publique. Mais arriva la révolution de 48,
et avec la révolution la chute du trône. Ses regrets se réveillèrent et il les exprima dans ses *Souvenirs contemporains*. M. de Narbonne ne fut point
oublié dans ses éloges, et cependant il ne put
s'empêcher de lui reprocher la sérénité qu'il con-
serva dans cette fatale époque. Il se récrie contre
ce ministre qui garda ses habitudes jusqu'à se faire
poudrer et coiffer chaque matin : « L'empereur,
» dit-il, en fut émerveillé et il écrivit : (1) « Ceux

---

(1) Voir le XXIXe Bulletin militaire. — *Souvenirs contemporains,* 1re partie.

» que la nature a créés supérieurs à tout conser-
» vèrent leur *gaîté* et leurs manières ordinaires,
» et ne virent dans de nouveaux malheurs et de
» nouveaux périls que l'occasion d'une gloire
» nouvelle. » M. de Narbonne, en apprenant cette
allusion, ajoute l'historien, en fut saisi et s'é-
cria : « Ah! l'empereur peut tout dire, mais *gaîté*
est bien fort. » Et il se détourna en versant quelques larmes.

Ses derniers souvenirs, *les Cent-Jours*, furent
grandement goûtés par le colonel Charras, dont
voici le jugement : « C'est le livre le plus instructif
peut-être et le plus remarquable, à coup sûr, qui
ait été écrit sur la période funeste des Cent-Jours. »
Charras avait raison, mais, à mon avis, où l'historien semble se surpasser, c'est lorsqu'il retrace
l'épopée sanglante de nos défaites de 1815. C'est
un récit vigoureux et poignant où l'auteur ne
parle que de ce qu'il a vu et de ce qu'il a entendu.
On le suit avec un intérêt mêlé d'effroi et de stu-
peur, au milieu de ces ruines et de ces décombres,
et on se sent un peu soulagé lorsqu'il rend hommage aux citoyens de la patrie mutilée, qui en pre-
nant part aux emprunts, hâtaient la délivrance du
territoire!...

Eh! ne semble-t-il pas que ces pages, écrites
en 1815, se trouvent être la relation exacte de

nos désastres de 1870, et que, de même qu'à cette époque funeste, « le pays parût chercher et trou- ver en partie dans la liberté, l'industrie, le com- » merce, les arts, une juste indemnité de tant de » pertes et de malheurs soufferts ?.......... »

Tout ce récit est plein de tant d'énergie et de couleur, c'est un tableau si vivant et si vrai qu'on croirait assister aux faits qu'il décrit.

Lamartine a admiré Napoléon prisonnier à Sainte-Hélène, et il a chanté le rocher où le conquérant vaincu était allé expier sa gloire ; pour Villemain, qui n'était pas un poète et qui ne se laissait pas gagner par l'attrayante fiction de la légende napoléonienne, il regrette simplement que le César moderne qui a fait tuer tant de milliers d'hommes ne soit pas mort, lui aussi, sur un champ de bataille !

Deux fois Villemain fut ministre, et ministre fort autorisé par ses lumières spéciales, son amour des lettres et son expérience. On lui reprochait cepen- dant l'éducation exclusivement littéraire qu'il pré- tendait faire donner aux lycées. Pour répondre à ces attaques, en 1841, à la distribution des prix de la Sorbonne, il fit un discours pour montrer que les lettres conduisent à tout. Le rédacteur d'une revue littéraire, homme plein d'esprit d'ailleurs, mais d'un esprit trop violent et trop passionné pour être im-

partial, lui adressa cette réponse : (1) « Non, Mon-
» sieur, il n'est pas vrai que les lettres conduisent à
» tout ; — fouillez votre mémoire, Monsieur, fouil-
» lez votre conscience, — et voyez si c'est seulement
» aux lettres que vous devez d'être aujourd'hui
» ministre ; rappelez-vous depuis 1815, Monsieur,
» où vous fîtes assaut, avec M. Cousin, d'adula-
» tion envers l'empereur de Russie, — jusqu'à ce
» jour où nous sommes ; — et que faites-vous,
» Monsieur, et à quoi pensez-vous donc, de venir
» jeter dans toutes ces têtes ces ferments d'ambi-
» tion ?. . . . . »

Je n'essaierai pas de disculper Villemain, car
celui qui lui adressait cette attaque satyrique avait
pour lui beaucoup d'estime et ne voulait par là que
faire disparaître ce qu'il appelait un préjugé. Cependant, s'il était nécessaire de combattre cette
accusation, due sans doute à un moment d'exalta-
tion ou d'emportement, ne serais-je pas en droit
de vous rappeler la vie passée de l'illustre académicien et de vous montrer par des faits sa loyauté,
sa franchise et sa délicatesse ? La maladie le force
à abandonner son poste de ministre. Le roi veut
lui accorder comme témoignage et récompense
publique une pension de 15,000 fr., reversible à

_____

(1) Alph. **Karr**. — *Les Guêpes*. (Septembre 1841.)

ses enfants. Tout cela se passait à son insu ; mais
à peine en est-il informé qu'il écrit au maréchal
Soult, alors président du conseil, pour qu'il ne fût
donné aucune suite à cette proposition. — Mais,
lui disait-on, votre entrée au ministère a été pour
vous la perte d'une place importante et à vie ? Sa
réponse nous fera apparaître l'homme tel qu'il est,
dans toute sa simplicité ou plutôt dans toute sa
grandeur : « L'abandon permanent de cette place,
» leur écrivit-il, est un sacrifice qui ne veut pas
» de dédommagement et qui prouve seulement
» que mon association au cabinet formé sous
» votre présidence a été aussi désintéressée que
» fidèle. »

Et maintenant, ne serez-vous pas étonnés
quand je vous dirai que cet homme si bon et si
loyal avait des ennemis qui lui reprochaient de
manquer de franchise et de délicatesse ? Accor-
derez-vous crédit à mon assertion, si j'ajoute
qu'il a été accusé d'avoir refusé, pendant qu'il
était ministre, une pension à une femme indi-
gente (1) qui avait remporté un prix de poésie à
l'Académie française ? N'est-on pas allé jusqu'à
dire qu'à la même époque, il avait accordé une
pension à son maître d'hôtel ?... Mais à côté de

(1) Mme Colet (Voir les Guêpes, 1840-41).

ces calomnies inventées à plaisir, nous retrouvons
des faits qui témoignent de sa charité et de sa
bienveillance. Que de secours, en effet, n'a-t-il
pas accordé aux hommes de lettres sans ressources ! Eh ! du reste, pouvait-il être hypocrite et
dissimulateur, celui qui disait avec tant de naturel : « Que l'on est donc méchant dans le monde :
voilà que l'on veut nuire à mes pauvres petites
filles, on répand le bruit qu'elles me ressem-
blent ? »

La calomnie avait fait tellement de chemin,
qu'on critiquait jusqu'à sa manière d'écrire ;
quant au jugement, c'est à peine si on lui en
reconnaissait : « Quand Villemain a bâti une
phrase, disait-on, il cherche ce qu'il mettra de-
dans. » Et cependant quelle variété, quelle richesse
dans les couleurs, avec lesquelles il a apprécié le
chef-d'œuvre du xviiiᵉ siècle ! Que de majesté
dans cette narration de l'épopée de 1815 ! Quoi
de plus vrai et de plus sincère que son jugement
en matière littéraire ? Quoi de plus touchant et de
plus triste enfin que les réflexions que lui inspi-
rent les souvenirs qui l'oppressent ?..........

« De la manière dont je conçois un orateur
» parfait, a dit Quintilien, il n'y a que l'homme
» de bien qui le puisse être. J'exige non-seule-
» ment qu'il possède au plus haut degré l'art de

» la parole, mais encore qu'il réunisse toutes les
» vertus. » Villemain était le vrai type de Quintilien, tant comme orateur que comme critique,
tant comme diplomate que comme homme privé.

Au commencement de l'année 1845, le ministre
de l'instruction publique était dangereusement
malade ; il souffrait de voir que ses ennemis pré-
tendaient que c'était un homme déplacé par la
révolution, un caractère qui n'était ni à la hauteur
de l'esprit, ni de la situation. Victor Hugo alla le
voir, et comme il lui demandait : « — Souffrez-
vous ? — Oui, répondit le critique, beaucoup. —
A la tête, sans doute, demanda le poète. — Non,
dit Villemain, plus haut... à l'âme. » Heureusement
la maladie se dissipa, et il nous fut donné d'entendre encore, pendant des années, hélas ! trop cour-
tes, le maître en l'art d'écrire, le professeur illustre dont l'éloquence sublime captivait notre atten-
tion !

Mais j'aurais un regret, et je considérerais mon
travail comme incomplet, si, après avoir passé en
revue tous les ouvrages du maître : « *Tableau de*
» *la littérature au* IVe *et au* XVIIIe *siècle ; — Tableau*
» *de l'éloquence chrétienne ; — Notice sur Fénelon ;*
» *— Essais ; — Eloges de Montaigne, de Montes-*
» *quieu et de M. de Fontanes ; — De Pascal, con-*
» *sidéré comme écrivain et moraliste ; — Histoire*

» de Cromwel ; — Vie de Grégoire VII ; — Dis-
» cours académiques ; — Préface du Dictionnaire
» de l'Académie ; — Mélanges historiques et litté-
» raires ; — Discours sur la critique ; — Discours
» d'ouverture du cours d'éloquence française ; —
» Commentaires sur les auteurs grecs et latins de
» l'antiquité ; — Romans grecs ; — Histoire de
» l'Académie depuis d'Alembert ; — Souvenirs
» contemporains ; — Rapports sur les con-
» cours, etc., » — je ne rappelais à votre souvenir
le discours célèbre entre tous qu'il prononçait en
qualité de secrétaire perpétuel à une séance annuelle de l'Académie(1). Dans ce rapport, il montre
sa satisfaction de voir la France renaître à la paix ;
car, dit-il, pour ceux qui cultivent avec le plus de
dévouement les sciences et les arts, la paix sera
toujours la meilleure protection du travail. Puis,
déplorant la mort d'un publiciste célèbre (2), il
ajoute : « Notre zèle pour les lettres, notre ambi-
» tion de les voir, laborieuses et fortes, se renou-
» veler comme les âges mêmes de la nation, n'est
» que trop mêlée de regrets sur des pertes long-
» temps irréparables. » Un travail avait été pré-
senté sur Clément d'Alexandrie. L'auteur, M. l'abbé

(1) Séance annuelle du 25 septembre 1859. — Discours de
Villemain.
(2) M. Alexis de Tocqueville.

Cognat, avait cherché et retrouvé dans les premiers interprètes de la foi les vérités de la raison, au lieu de prétendre décréditer la raison par la foi. Le secrétaire perpétuel fait un grand éloge de ce travail, et il continue ainsi : « Si Clément d'A- » lexandrie vous rappelle quelque chose du temps » présent, que ce soit surtout l'hommage de jus- » tice dû à la science contemporaine! L'Egypte, où » le génie de la guerre, au début de ce siècle, » avait ouvert les tombeaux, illuminé les monu- » ments et fait apparaître du moins les inscrip- » tions silencieuses encore, l'Egypte, cette con- » quête perdue ou délaissée sans retour, n'est-elle » pas désormais une province de l'érudition fran- » çaise, grâce au génie de Champollion et à l'ar- » deur sagace et persévérante des élèves que nous » lui voyons dans cette assemblée, les uns séden- » taires et inventifs, les autres arrivant des fouilles » de Karnac avec des trésors antéhistoriques ex- » humés par leur courage, expliqués par la » science. » Ce discours impressionna si vivement ses confrères, que l'un d'entre eux écrivait quelques jours après : « Villemain... une des admira- » tions durables de ma vie, le vrai maître, j'allais » dire le créateur en France de la critique mo- » derne, qu'il a fécondée par l'érudition, éclairée » par l'histoire, animée par l'éloquence. »

Pour trouver des modèles auxquels Villemain ressemble, c'est parmi les anciens qu'il faut les chercher. Démosthène, Cicéron, Tacite, Quintilien, voilà les hommes auxquels il faut qu'on le compare. Lorsque, charmé par l'éloquence de Bossuet, le critique, subissant le contact de l'orateur chrétien, semble avoir hérité de ce langage clair et concis, de cette habileté oratoire, de cette énergie sublime, c'est Démosthène parlant aux Athéniens ; lorsqu'à la vivacité si brillante qui le distingue, à son enjouement si hardi et si spirituel, il joint le choix exquis de ses expressions et l'impartialité ordinaire de ses jugements, c'est Cicéron appréciant un chef-d'œuvre ; lorsqu'on lit sa *Vie de Grégoire VII*, où se trouve l'histoire de la vieille Rome, qui, obscure à ses débuts, est parvenue à force de constance à imposer son autorité et à commander au monde chrétien, je ne crois pas qu'on se montre injuste envers l'auteur des *Annales*, en comparant le travail du critique à celui de Tacite ; lorsqu'enfin le professeur d'éloquence donne ses conseils à ses auditeurs, avec l'élégante simplicité que les anciens ont portée dans toutes les productions de l'esprit, ne semble-t-il pas qu'il ait été gratifié des dons et des qualités qui paraient si brillamment Quintilien ?.....

J'ai examiné attentivement les ouvrages du cri-

tique, et, je vous le déclare, je ne sais ce que je dois
le plus admirer, ou de la vigueur de l'esprit qui ne
se fatigua jamais, ou de cette sanité de jugement
soutenue dans tous ses travaux, ou de cette rhéto-
rique si savante que chaque jour il augmentait par
l'étude . . . .

La mort est venue le surprendre au commencement de 1870, quelque temps avant les désastres de
notre pauvre patrie ; il a échappé à l'angoisse de
notre dernière lutte et au deuil de notre dernière
défaite, comme si la Providence eût voulu le récom-
penser d'une vie si laborieusement remplie, en lui
épargnant la douleur de voir la France vaincue et
démembrée. Le jeune homme avait assisté aux ca-
tastrophes de 1815 ; c'était une épreuve assez terrible pour que de nouveaux malheurs fussent
voilés au vieillard ! L'Académie française n'a pu
se consoler de la perte de celui qui fut pendant
quarante ans son secrétaire perpétuel. La mort du
critique a été honorée des regrets et des éloges de
ses confrères ; ses disciples sont venus prier sur la
tombe de leur cher et illustre maître !

Je suis heureux de constater que les hommes les
plus illustres dans les lettres, dans les sciences et
dans les arts se sont montrés jaloux de lui rendre
un juste hommage d'éloges et de regrets. En effet,
depuis les littérateurs et les poètes jusqu'aux princes

de la science et aux maîtres de l'art, depuis les aca
démies les plus célèbres jusqu'aux quartiers de nos
écoles, le professeur de la Sorbonne a trouvé dans
toutes les classes de la société des admirateurs
impartiaux ; et cette multitude de partisans est, à
mon avis, un grand honneur pour celui dont la vie
fut consacrée à l'étude, et qui était plus occupé de
mériter des disciples que d'en chercher.

Quelques rares génies seulement peuvent s'éle-
ver à ce haut point de critique littéraire, dont le
secrétaire perpétuel avait, pour ainsi dire, le mo-
nopole. Je n'en disconviens pas ; mais du moins
tous les esprits peuvent profiter de leurs leçons,
et tous nous devons mettre en usage leur autorité
et leur expérience. Espérons que grâce à des hommes tels que celui que nous avons perdu, la France
verra renaître de meilleurs jours ; espérons que
nous verrons s'évanouir ce dédain des lettres,
ces vieilles erreurs enfantées par la barbarie, for-
tifiées par l'ignorance et nourries par les pré-
jugés !

D'où vient donc ce dédain des lettres, contre
lequel Villemain protestait avec tant d'énergie
et de vérité? D'où vient cette place de plus
en plus étroite que le poète occupe dans la vie
sociale? Je suis heureux de m'associer aux regrets exprimés par un de nos littérateurs con-

temporains (¹) et de répéter avec lui : « Les influen-
» ces qui sévissent de nos jours sont peu favora-
» bles au développement d'une saine poésie. Il y
» a comme une action exercée par les milieux que
» nous sommes obligés d'invoquer. Elle altère et
» complique profondément les faits soumis à notre
» examen. »

Les lettres, a-t-on dit, sont inutiles au progrès
de la société. S'il était nécessaire de réfuter de
semblables doctrines, ne pourrions-nous pas en
appeler à Cicéron ?... Pensez-vous, dit-il, en faisant allusion aux grands hommes de la République romaine, — pensez-vous que s'ils avaient cru
les lettres inutiles à la science du devoir, ces hommes illustres, ces rares exemples de modération et
de force d'âme, eussent appliqué leur vie à ces
études ?.....

Villemain avait compris que de toutes les gloires,
la plus grande est la gloire littéraire, et que, quand
on la possède, on peut braver impunément toutes
les infortunes de la vie. Ceux qui peuvent se dire
partisans de l'idée du critique feront plus pour la
régénération de la patrie que le canon de la bataille
ou que l'épée du général. Témoins les défaites des
Autrichiens à Sadowa et de nos armées à Sedan !

(1) M. Fernand de Rességuier.

De même que les habitants de Vienne, nous pouvons dire : « Ce n'est pas le général, c'est le
» maître d'école qui nous a battus. »

Oui, nous devons une reconnaissance éternelle
à l'écrivain célèbre qui a formé notre jugement,
en nous faisant apprécier tour à tour les chefs-
d'œuvre littéraires de toute l'Europe. Grâce à Villemain, cet engouement que nous avons tous
éprouvé pour les classiques ne nous a pas rendus
injustes et dédaigneux pour les auteurs du XVIIIe
siècle et même pour ceux de notre époque. Tout
en conservant notre admiration pour les Bossuet,
les Fénelon, les Pascal; pour les Corneille, les
Racine, les Molière et les Boileau, nous avons
décerné un tribut de louange aux travaux de Voltaire, de Rousseau, de Gresset, de Gilbert, de
Musset, de Lamartine, de Victor Hugo, et à toute
cette pléiade de littérateurs et de poètes qui nous
est apparue radieuse pour nous consoler de nos
pertes ou tout au moins alléger nos regrets !…

Les leçons et les enseignements du professeur
ne seront pas perdus. Sa mémoire restera parmi
nous comme un exemple et un souvenir; elle nous
rappellera qu'après nos défaites la littérature semblait revivre, et que Villemain ne cessa de dispu-
ter la palme du génie aux vainqueurs de Waterloo !
Malgré nos désastres immenses, l'homme illustre

dont nous pleurons aujourd'hui la perte aurait eu foi en son pays. Ceux à qui il appartient de faire une réalité de cette consolante espérance voudront-ils la laisser à l'état de chimère ? Cette terre promise nous échappera-t-elle toujours comme un vain mirage, et ne pourrons-nous un jour nous écrier avec Châteaubriand après Waterloo : Non, je ne crois pas pleurer sur le tombeau de ma patrie ! Parole pleine d'espoir, qui nous fera peut-être oublier le chant sinistre de la voix mystérieuse et désolée dont l'éternel écho retentit au portique de l'enfer : « *Vous qui entrez, déposez toute espérance.* »

J.-L. DUBUT.

Typ. Chatras et Cⁱᵉ.